Schatten im Licht

Gedichte

Robert Kappel

2024

Bibliografische Information der Deutschen Nationalbibliothek: Die Deutsche Nationalbibliothek verzeichnet diese Publikation in der Deutschen Nationalbibliografie; detaillierte bibliografische Daten sind im Internet über dnb.dnb.de abrufbar.

Herstellung und Verlag: BoD – Books on Demand, Norderstedt

ISBN 9783759751997

Schatten im Licht

Gedichte

Robert Kappel

Schatten im Licht

Schatten schlingt sich um die Schlehe

Schatten dringt in den Stumpf

Schatten legt sich auf den Feldsaum

Schatten erdrosselt das Licht

Schatten welkt das Laub

Schatten zerbröselt die Krume

Schatten schweigt Stille.

Der Schatten zieht von dannen

Der Schatten gibt ein Stelldichein

Der Schatten stellt sich dumm

Der Schatten übt sich im Schweigen

Der Schatten fürchtet sich

Der Schatten rankt sich hoch

Der Schatten schlingt sich um mich.

Ein Schatten auf meiner Lunge

Dunkel webend

Da drinnen

Schatten im Tal der Dunkelheit

Schatten im Licht

Schatten im Meer des Lichtes

Im Schatten das Licht

Der Blick zur Grenze

Immer habe ich den Wolken zugeschaut

Manchmal war Sturm

Manchmal eine modrige Stille

Der Himmel türkis und rostig

Immer wieder brauste es auf

Wipfelruhe.

Schnell rannte ich am Wegesrand hinterher

Um innezuhalten

Erneute Stille

Nirgends ein Ort

Landschaften verharren

Nur die weißblauen Wolken ziehen dahin.

Der Abend kommt

Die Musik spielt

Die Gedanken zyklisch

Ich kaue sie

Bleibe bei mir

Die Gedanken sind frei – manchmal

Sie ziehen immer wieder zum Ursprung zurück

Wiederholend bohrend und zertrümmernd.

Augen auf

Der Blick zur Grenze

Randständig erfahre ich die Umdrehung

Kehre erst zurück

Wenn die Turmuhr schlägt

Stundenweise war ich der Zeit entflogen

Dann summe ich die Melodie

Bin ermattet-froh

Nehme ein Bad im Gedankenstrom

Und vergesse nicht.

Das kleine und das große Rauschen

Siehst du

Spürst du

Da hinten am Hain

Das Rauschen

An den Furchen entlang

Hinauf auf den Hügel

Ein Duft wie ein Arm auf deiner Schulter

Der Schauer fällt einen Tag lang

Durchstreift die Schlehenbäume

Kräuselt das Gras

Hebt sich hoch

Einen Tag lang

Dann sendet die Sonne ihre warmen Strahlen.

Oh, das kleine Rauschen.

Du weißt schon

Wenn der leise Wind sich Bahn bricht.

Vom Süden

Stellt sich ein Lufthauch ein

Gesegnet mit den Gaben des Meeres

Vibrierendes Leuchten

Gespiegelt von der glitzernden See

Wie Elfenbein, das an deiner Wange streicht.

Da vorne die Silhouette

Spiegelverkehrt

Die Schattenfrau

Sie gleitet

Sie betört

Sie erhebt dich

Drei Tage Sonnenwolken

Dreimal tief durchatmen

Das große Rauschen in den Ohren

Tritt hervor aus dem Holz

Lässt sich nieder

Schwächt sich ab

Gerät in den Zyklus

Bis der Regen die Sonne vertreibt.

Oh, das große Rauschen.

Du weißt schon

Wenn der Luftzug sich Bahn bricht.

Das große und das kleine Meeresrauschen

Horch hinein

Flüstere den stillen Ton

Spiele die rauschende Melodie

Zwischen Hülsenhain und Langholz

Kaum mehr als ein Raunen

Das stille Rauschen.

Seelenkartoffel

Unter dem Dach

Hitze bereitet die dumpfe Stille

Am Berg

Blick in die Weite

Kaum eine Spur von den Gesängen der Alten

Steine auf dem Feld

Wir sammelten sie in den Ferien

Damals in den Jugendtagen.

Der Aufseher robust und zugetan

Auf dem Pferd

Unten wir, die Kleinen, mit den zarten Händen.

Nicht weit das Gut der Adelsfamilie.

Unsere Ferien für die Steine

Der Boden unter den Füßen

Am Abend ein kleiner Obolus.

Dann die Kartoffeln

Ferienzeit auf dem Land.

Kaum dass die herbstene Zeit angebrochen

Durchgruben wir den lehmigen Boden.

Ein Brodeln bis heute.

Sehe ich die Lichter vom Hügel

Breitet sich weiße Unruhe aus.

Kein Zürnen mehr

Nur die Erinnerung.

In der Kirche vorne die Bänke

Seitwärts sitzt die Adelsfamilie

Den Blick nach vorne

Starr

Wir in der Reihe.

Ob sie etwas ahnen,

Wenn wir „Lobet den Herrn" singen?

Der Pastor jubiliert.

Die Ernte ist eingebracht

Nur einmal im Jahr ist die Kirche voll.

Er singt seine Weise von Versöhnung und Vergebung.

Ich stimme ein und

Erinnere mich.

Jagd

Wieder einmal
Steine auf den Feldern
Wir sammeln sie ein.
Zur Jagd
Das Jagdhorn blies
Uns den Marsch.

In der Mittagspause
Essen nehmen.

Am Nachmittag in waldiger Luft
Reh, Fasan, Hase, Kaninchen, Wildschwein
Schüsse aus dem Hinterhalt
Am Abend lagen sie aufgereiht vor dem Gutshaus.

Mit Stöcken machten wir uns
Auf den Weg nach Hause.

Mutter wusch die geschundenen Füße
Eine leise Melodie
Summen in der Küche
Stille, Atmen
Im Dorf läutet die Glocke
Ich schlafe ein.

Der warme Arm streichelt

Da stand ich also

Unbeweglich

Nahm schließlich meinen Hut

Er war auf den Boden gefallen

Steif die Glieder

Der Rumpf ohne kreisende Bewegung.

Ich blickte in das Grün des Gartens

Es sah so aufgeräumt aus

Wie im Scherenschnitt

Von langer Hand vorbereitet

Tief lagen die Wolken

Sie hatten sich noch nicht davon gemacht

Blieben regungslos, bis die Sonne sie aus ihrem Stillstand vertrieb.

Alle Achtung

Diese Sonne hatte es in sich

Die Schiffe legten ab

Anker hochgezogen

Die Klappen in der Senkrechtstellung.

Der Bug drängte sich nach vorn

Ein lautes Rascheln der Gespräche an Deck

Da vorne die Verheißung

Oder war es nur der Schatten, der sich verzog.

Zug um Zug lösen sich die Gedanken von der Unterwelt

Die zermürbenden Fehlannahmen verblassen.

Dann eine Melodie

Ein warmer Arm, der den Rücken bestreichelt

Gehe hinaus in die Ebene

Wo die Sonnenstrahlen dich liebkosen.

Der Blütenstaub zieht seine Spur.

Am Meer

Am Meer
In den Wellen
Im Wind.

Höre dein Lachen
Dein Kichern
Das Haar weht
Deine Lippen verströmen den zarten Schmelz.

Die Flöte verspielt ihre Melodie
Die Düne verankert sich im Grund
Der Steg steht stille
Die Sonne versenkt sich hinter dem Ponton
Das Boot macht lange Beine.

Am Anfang wurde die Taufe gefeiert
Zum Schluss vergruben wir den Traum
Danach tat sich tosend die Welt auf.

Singen im Reigen
Tanzen im Schritt.

Denken im Alleingang
Im Widerstreit
Verbindend vereinend
Sprudelnd unerlässlich.

Erlauschen wir die Musik
Die Melodie erlöst uns
Der Traum verbindet uns
Länge und Breite
Höhe und Tiefe.
Allseits um uns ein rauschender Bach.

Das Meer I

Das Meer schwappt über
Schüttet das Wasser mit dem Bade aus
Im Frühjahr
Wenn der Meeresspiegel steigt

Das Meer läuft weg
Versteckt sich hinter den Bäumen
Im Sommer
Wenn sich die glatte See verzieht

Das Meer
So nah
So weit

Das Meer
Vor der Haustür
Am Rand

Das Meer
Eine Handbreit
Am Kiel

Das Meer
Im Strom der Unruhe
An der Klippe

Das Meer steht still

Glättet die Gemüter

Im Herbst

Wenn der Sturm sich zur Ruhe legt

Das Meer türmt sich auf

Zerzaust das Haar

Im Winter

Wenn die Nordfront ihren kalten Strom schickt.

Das Meer II

Irgendwann verliert sich der Strom
Duckt sich hinter die Böschung
Pumpt sich wallend auf
Breitet sein Bett aus

Irgendwann versinkt der salzige Atem
Nimmt ein Bad im Sandbett
Bläht seine dicken Backen auf
Driftet in die Lunge

Irgendwann kreist die Wolke
Verheddert sich im Lindenbaum
Blättert geduldig ihren Atem auf
Verduftet sich von dannen.

Der Weg tut gut

Er läuft sich zurecht

Er macht Halt

Er wendet den Blick zum blattleeren Zaun

Auf dem windigen sich windenden Pfad

Öffnet sich plötzlich der Blick auf die See.

Sie liegt vor dir

Du machst Halt

Atmest durch

Kein Keuchen kein Zischen

Langsam geht der Schritt durch die Furchen

Der Blütenstaub hat sich auf die blanke Erde gelegt

Erschlafft sind die Triebe

Dann öffnet sich die fahle Küste

Schritt für Schritt hinter den Schlehenbäumen

Sie tragen keine Früchte mehr

Sie haben sich entledigt.

Die Mütze fest um die Ohren

Die Wanderer bleiben still, sie halten inne

Im Ohr die Melodie des Meeres

Da drüben – ein Signal

Magst du es erspüren – magst du näherkommen?

Du verneigst dich vor den stillen Tagen am Meer.

Meerumschlungen

Meerumschlungen

Ordnen wir uns

Am Meer

Ziehen wir Bilanz

Am Meer

Lassen wir uns fallen

Am Meer

Gehen die Pferde mit uns durch

Am Meer

Graben wir unsere Träume aus

Am Meer

Ziehen wir den Kopf aus dem Sand

Am Meer

Nehmen wir unsere Hände

Am Meer

Sind wir meerumschlungen.

Wellen

Das Meer sammelt die Kräfte

Und die Wellen schwingen

Im Taumel der Monde

Schatten und Licht brechen die Gezeiten

Dahinter die Hand der Götter

Kein Entrinnen.

Sprung

Brütend

Dampfend

Meerumschlungen

Leichter Wind

Gibt Luft

Immer wieder

Bleibe wo du bist

Aber lasse einen Spalt offen

Für den Blick über das Meer

Tauch ein

Mach den Sprung.

Am Strand

Winde heben den Sand

Wellen untergraben den Boden

Wasser rauscht dahin

Gezeiten im Taumel

Kälte durchzieht den Wanderer

Die Füße knirschen

Am Horizont ein nebliger Lichtstrahl

Der langsam in der See versinkt

Eine Spur der Steine

Blass graublau leichter Rotschimmer

In der Nase der salzige Atem

Am Strand

Weit weg vom Tagestumult

Wanderer, bleibe stehen!

Zieh die Stiefel aus

Kühl deinen Körper

Lass dich vom aufkommenden Sturm

Durchschütteln damit du spürst

Lasse dich wärmen

Im wohligen Zimmer angekommen

Wird dein Kopf frei sein

Du bist zu Hause

Nun kommen die Gedanken zurück.

Im Schnee

Still und leise
Hat sich der Schnee dahin gelegt
Heute Nacht
Hat sich ausgepudert
Hat sich ein Bett gesucht
Hat der Kälte den Zahn gezogen.

Der Wind wirbelt
An den Hecken türmen sich die Berge
Im Grund der blanke See.

Spuren auf den Feldern
Der Schuh knirscht leise
Da hinten lichtet sich der Himmel auf.

Mein Blick geht nach Norden
Noch drei Tage
Dann hat der Schnee sich erlöst.
Der Boden gefriert
Das Eis holt sich seine Zeit
Ich ziehe mich zurück.

Unsichtbar

Was uns bleibt, bleibt bei uns
Unsichtbar
Weil wir es verstecken
Niemand schaut hinein
Wir geben uns nicht preis
Wir wippen mit der Musik
Wir kehren zu uns.

Wir überprüfen uns auf der Landzunge
Wir erlauben uns einen weiten Blick
Von den Gezeiten eingehegt und gepflegt
Wir umwandern das uns Vertraute

Alles in uns ist unsichtbar
Bleibt in unserem Innern.

Am späten Abend

Die Nacht – Löwenzahnschimmer
Abgewandt von der Mondseite
Sternenhagel im Niemandsland

Am Morgen
Großspuriges Zermalmen
In der Furche sprießt das Kraut
Überwuchert vom Kaltgestein
Kieselsteine atmen die Wärme

Am Horizont Nebelschwaden
Zerlegt am Todesstreifen
Felsbrocken zertrümmern das Elend
Nur noch Nacht.

Nordwind

Der Nordwind peitscht die Wellen hoch
Hoch heraus ragen die schiefergrau blinkenden Brecher
Die Möwen klammern sich an die Wolken
Das Gesicht brennt
Die Adern tuckern
Die Hand zittert.

Ein Zeichen von oben
Klitzekleine Sonnenstrahlen finden ihren Weg
Vor dem Zaun ein Raunen
Hinter der Hecke die Vögel
Sie halten ihre Schnäbel
Gebannt lauschen sie dem stürmischen Lärm.

Der Wanderer atmet tief ein
Da hinten das Haus am Rande des Dorfes
Noch ein paar Schritte
Dann Stille
Musik in den Ohren
Die Kerze umschmeichelt dich
Du schließt die Augen.

Sturm und Stille.

Immer

Immer wenn der Nebel aus den Niederungen aufsteigt

Und die Luft den Frost in sich trägt

Kommen die Gedanken.

An der Hecke entlang, im brüchigen Gestrüpp fängt der Wind sich und zaust sich fest.

Kaum ein Hauch von Wärme.

Noch liegt Schnee vor der Haustür, will nicht weichen.

Schmutzig grau und zerbröselt.

Ich schaue manchmal von drinnen hinaus.

In die Stille mischt sich Trübsal,

Aber bald kommt die Lerche und jubiliert den Frühling herbei.

Immer wenn der Nebel aus den Niederungen aufsteigt

Kommt die Lerche und jubiliert den Frühling herbei.

Kladderamatsch

Nach dem langen Regen
Stehen die Bäume im Wasser
Wie im Mississippi Delta

Quatschnass versinken die sprießenden Schneeglöckchen
Die Traktoren trauen sich nicht auf die Felder

Nach dem Sturm Regen
Das Land versinkt
Reetdächer suppen

Im großen Kladderamatsch
Wann springt die Ampel auf grün

Meine Ohren laufen rot an
Rückzug ausgeschlossen
Das Wasser steht

Der Boden will nicht mehr
Aufnahme-resistent

Die Gummistiefel bieten keine Gewähr
Die Drainage verstopft sich
Die Mieten fallen in sich zusammen

Die Rüben verfaulen
Die Windräder gefallen sich im spiegelnden Licht

Irgendwo spielt der Hochzeitsmarsch
Die Schleppe der Braut zieht sich durch die Pfütze
Krokusse erobern die kühlen Stellen

Quatschnass bleibt nass
Es soll bald wärmer werden

Die Spatzen pfeifen durch den Wind und aalen sich in der Sonne
Frühlingserwachen.

Der erste Frühlingstag im Norden

Die erste Knospe
Der sanfte Wind
In der schuligen Ecke die warmen Sonnenstrahlen.

War das schon der Frühling oder kommt er noch
Wie lange werden wir den schneidenden Wind ertragen
Wie oft müssen wir den Schal noch um den Hals legen
Welche Mütze kann uns schützen.

Die Morgen zerspalten den Nebel
Die erste Blume wagt sich aus dem Winterschlaf
Das Eis schmilzt in der warmen Hand
Noch so ein Tag und wir können wieder tanzen
Es ist Frühling.

Wege gehen

Die Tage ziehen so dahin.

Der Frühling kommt

Die Lüfte wehen

Sonne ins Gesicht

Gedanken verstreuen

Musik durchsäumt das Gehör.

Streichen wir durch die Auen und Wälder

Nehmen wir ein Bad im Wohlgefühl

Hebeln wir uns aus.

Kurve

An der roten Ampel bleiben alle stehen

Ein lachendes Auge, die weite Sicht konzentriert sich auf die Entlosschleife.

Noch ein Rätsel ist zu lösen

Weißt du einen König mit *R*

Den letzten Herrscher über unsere Wehmutsklänge

Am Ende zermalmt jeder Verstärker die Dur-Septime.

Biege in die Kurve des Herbstes

Nächstes Jahr kann der September seine Früchte in den Himmel wachsen lassen

Danach zertrümmert der Hammer den Herbst

Wohin soll ich nur meinen Blick wenden.

Duft

Immer wenn die Nachtigall ihre Lieder singt

Kommt Wind auf und

Versetzt mich in Unruhe

Die Blitze am Himmel entladen sich

Und es kehrt Ruhe ein

Der Gedanke sprudelt voller Lebensgeist und ruft hallo

Hier bin ich

Lass dich fallen und genieße den Blumenduft.

Sonnentag

Ich gehe durch die Straßen

Fahre mein Rad

Immer am See entlang

Der kein Ende nimmt

Dem die Sonne abgeht.

So fahre ich

So gehe ich

So fühlt sich Himmel an

So kegelt sich das Leben

Am Sonnentag

Regnet es

So will es der Kalender

Oder der Regengott.

Dreimal muss ich noch schlafen

Und dann ist wieder Sommer

Schon wieder Sommer

Noch so ein Sommer

Am liebsten bleibe ich im Haus

Ohne Töne

Ohne Licht

Nur das Rauschen des Windes

Noch länger sollte ich

Mich der Langeweile hingeben

Im grauen Haus
Das nicht in der Sonne strahlt
Das graue Haus
Herman Bang mit mir.

Ein Segel blinkt mir zu
Noch so ein Wochenende
Ohne Ende ohne Wende
Noch so ein Schatten
Auf meinem Handrücken
Ich zähle die Sekunden
Im Takt mit der Wanduhr
Im Radio leise Musik
Ob es wohl Schubert ist
So geht es Tag aus Tag ein
So soll es wohl sein
Wird wohl niemals enden
Was könnte mich noch ängstigen.

Die große weiße Dürre[1]

Der lange Sommer, die große Hitze

Der Staub zerfurcht die Lungen

Im meerumschlungenen Land spendet lediglich die See Kühle

Am Ende des Tages breitet sich Unruhe aus

Damals drohte Unheil

Schwalben sausen umher

Mauersegler zischen durch die Luft.

Denn alles Fleisch, es ist wie Gras und alle Herrlichkeit des Menschen

Wie des Grases Blumen

Das Gras ist verdorret und die Blume abgefallen.

Den stillen Schweigern versagen die Stimmen

Überall immer wieder das Meer

Wie lange noch

Werden wir den toten Tieren ins Gesicht sehen wollen

Die Maschinen drehen ihre Runden

Der Staub wirbelt hoch

Das Korn wird eingefahren

Es ist schal geworden.

---

[1] Enthält Zitate aus Johannes Brahms: Deutsches Requiem.

Die Saat wird aufgehen

Neues Unheil droht

Wir haben keine bleibende Statt.

Spätsommer

Weiden lassen ihre Trauer hängen

Rehe äsen am Wegesrand

Birken biegen sich

Ost-West-Richtung

Wolken schieben sich ineinander

Sonnenblumen verharren stoisch

Im Schutz des Knicks

Möwen säumen die Ackerkrume

Ein letzter wärmender Sonnenstrahl

Stille legt sich über das Land

Bald wird der Herbst kommen

Die Erde beruhigt sich.

Vor und nach dem Regen

Noch eben sog ich den Lindenblütentraum in mich auf
Die Götterspeise umrankte mich rot
Das Grün blickte aus allen Fugen
Ich malte ein Zeichen an die Wand.

Draußen am Strand die Gischt
Der Regen hatte seine Spuren in den Sand getreten
Immer wieder ein Hauch von Gerste
Sie presste sich blau-grün an die Erde.

Da drüben, siehst du die Schwalbe
Sie senkte sich tief und spielte mit dem schwülen Wind
Bald wird es regnen
Der Mittsommer legt seine warmen Strahlen über das Land.

Spuren

An den Hecken
Weiter am Hang
Lange Strecken
Fern der Klang

Spuren am Strand
Steine fallen
Ewiges Band
Töne schallen

Noch ein Schrei
Möwen gleiten
Fliegen sich frei
Endlos Zeiten

Herbst I

Ich stieg die Steilküste hinauf

Die Schlehen wölbten sich blau-matt

Eine Wanderin drückte ihre Augen auf das fahl-glatte Meer

Hazel bürstete ihre schwarz-gewellten Haare gegen den Wind

In den Niederungen legte sich der Nebel ab.

Herbst II

Die große Trauer
Der schale Herbst

Die Hand in der Tasche
Die Augen verregnet

Blätter fallen
Ohnmacht am Fenster

Es bleibt Nacht
Der Trost zerfallen

Im September

Die Felder sind gemäht

Das Getreide ist eingebracht

Die goldene Sonne trägt den Tag

Ein leiser Hauch durchfurcht die Äcker

Ein Zirpen, Summen und Sirren

Hinter den Knicks der gefangene Wind

Die weißen Wolken hängen hoch

Blau und hell der Himmel

Noch sind die Tage lang

Noch berauschen die Strahlen die Gemüter

Sie tanzen und zelebrieren sich

Eine leise Melodie im Ohr

„Dat du mien leevste büst".

Am Abend legt sich der kühle Zug um den Hals

Der Herbst benetzt die Dächer

Am Ohr fröstelt der Strahl

Die Vögel sind gen Süden gezogen

Die Schlehen haben sich blau gefärbt

Schnell noch Sommer einatmen.

Septembertränen

Wenn die Träne über die Wange rinnt
Kann dein Taschentuch dich trösten
Wenn der Schmerz den Zug der Zeit verpasst
Mag der Sturz wie ein Wind von dannen ziehen.

Der September leitet uns
Wir vergessen ihn nicht
Wenn die Stürme über das Land reiten
Und die Wolkentürme uns ermatten.

Wenn der September den Rausschmeißer spielt
Benötigen wir im Zirkuszelt keinen Zuchtmeister.
Der September hält uns den Spiegel vor
Wir sollten mehr Demut an den Tag legen.

Manchmal werden wir wegen unseres Übermuts bestraft
Unser hilfloses Zurückrudern hat nie gefruchtet
Wir werden den Kranz binden
Wir verankern die Girlanden an den Türen.

Niemand wird unseren Predigten glauben

Vergib uns unsere Schuld

Wie wir vergeben.

Unser Vater hat sich zur Seite gedreht

Hatte er doch unsere Unschuldsleier keines Wortes gewürdigt.

Knien wir nieder

Legen wir die Steine auf den Grabstein

Geben wir unsere Hand ein weiteres Mal zum Gruß

Der Herbst verzeiht uns nicht

Er maß sich an, uns zu enteilen.

Damals

Damals im Sommer

Vor langer Zeit

Am Fluss spülte eine Leiche an

In der flirrenden Hitze

Tauchte ich unter

Und nahm das Geheimnis mit.

In Spanien 1936

Bilder fallen tief

Auf den Boden

Aufbrechend

Purzelnd

Wie im grau-schwarzen Schatten.

Eine Spitzhacke

Zerschmettert den Stein

Das Boot gleitet auf die Küste

Schießt Granaten ab

Der Terror kommt aus allen Geschützen

Zermalmen die friedliche Stille

Tod.

Da drüben die Gesänge der Friedfertigen

Republikanisch

Befreites Atmen

Der Finger am Abzug

Die schützende Hand

Einen Augenblick der Stille.

Er tritt auf der Stelle

Er zerreißt sich

Er denkt an Almeria

Der Kommandant befiehlt

Schießen zerstören verlöschen

Die Druckwelle zerdrückt den letzten Atem.

Am Ende

Kein Ende.

Er geht auf und ab

Er zerreißt sich

Er denkt an Tanger.

Die dunkelhaarige Frau

Ihre Lippen kleben auf seinen

Ihre dunklen Augen schmieden einen Pakt

Komm wieder, eines Tages

Wenn die Grauen vertrieben sind

Kehre zurück

Auf die Straße des Glücks

Singe mit uns die Lieder der Befreiung

Vergiss den Schmerz

Gehe den Weg durch das helle Tor.

Du kehrst zurück

Blickst auf das nordische Meer

Zuhause lassen dich die Träume nicht los

Die Schreie der Toten

Der Lärm der Zerstörung

Die sanfte Berührung.

Treiben

Im Herbst trieben sie die Füchse durch die Nacht
An den Tagen im Sommer waren sie ganz ruhig
Stille breitete sich aus
Ein Rudern mit den Widrigkeiten der Hitze
Der stinkende Fluss trug den Müll der Hinterhöfe mit sich
Die Menschen ruhten den ermattenden Schlaf.

Der Herbst kündigte den Frieden auf
Die umtriebigen Geister lüsteten nach Rache
Hatten sie doch die Stille des Sommers ausgelassen
Den Himmel der schüchternen Liebe zunichte gemacht.

Im Sturm der zwanghaften Triebe
Gossen sie Öl ins Feuer und nahmen Anlauf
Am Ende der Straße lauerten sie uns auf
Angst in den Hinterhöfen
Sturm kommt auf
Wir ziehen uns zurück.

Das Treiben ist nicht beendet.
Immer diese Angst
Damals
Kurz vor der Macht der Todesstiefel.

Schweigen und Stille

Die Stille nahm mich mit

Sie trat ins Freie

Sie erhörte meine Worte

Im Ohr bildeten sich kleine Kügelchen

Das Schweigen verhüllte die Worte

Es schob die Zeit fort

Es überwölbte die Stille

Im Gleitflug erstickte es die bereits ausgemergelte Nähe.

Erschweigen

Man nehme ein paar Worte

Ganz laut oder leise

Sie trickeln

Sie entfalten ihren Schwung

Ihre Vibrationen erklimmen die Ohren des Empfangenden

Den Lauschenden

Den Getriebenen erreichen sie nicht

Worte oxidieren im Loungeklang.

Schweigen enthemmt die Gedanken

Stille lässt sie nicht im Stich

Sie bäumt sich auf

Sie erahnt

Das nicht-gesprochene Wort kann lösen

Die dezibel-freie Ruhe gibt den Gedanken ihre Freiheit

Das Ohr ertastet sich den Hügel der Gedanken.

Ist da was?

Hört es sich anders an?

Das Schweigen impliziert Unruhe

Das Erschweigen zwingt zur Defensive

Erschweigen macht Macht

Erschweigen verfügt

Erschweigen fügt.

Schweigen ist wie Schnee
Der sich über die Erde legt und alles zum Verstummen bringt.

Ich erschweige
Ich erschweige das Licht
Ich erschweige die Dunkelheit
Ich erschweige.

Der Ton löst
Das Erschweigen beunruhigt
Töne und Stille nähern sich zur Gegenseitigkeit.

Totenstilles Erschweigen
Verschweigen
Erschweigen
Stille
Totenstille
Stille
Tot.

Schweigen erschweigen erstillen ertönen ertöten
Schweigen schweigen stillen tönen töten
Ertöterschweierstill
Verschweigen verschwiegen ertönen vertonen erstillen verstellen
Im stillen Schweigen vertont sich der Entstillende im
verschwiegenen Ton.

Zerfallende Altbauten

Anfangs

Am ersten Tage

Das Gerüst, fest, zupackend

Esplanade

Flankierend bitten wir zum Tanz

Der Stechschritt zerfetzt

Schönheit platzt

Der Nerv eingeklemmt.

Inbrünstig

Händeringend

Kopflos

Blicke in die Tiefe

Weit reicht nicht aus

Nah kaum fern.

Fußkrank nähere ich mich

Der Grabesstille

Die Musik stampft in den Äther

Druckwellen zerfleischen.

Komm - Spiel mir das Lied

Des Schweigens.

Weiße Zeit des Schweigens

Schweigen

Verletzt

Verletzendes Schweigen tötet

Der Pfahl im Fleische

Entzündet

Bohrend ohne Ende

Kein Zeichen

Bohrend verletzend

Eisige Zeiten des Schweigens.

Wie sich die Tür schloss

Noch gab es einen Spalt
Die Tür halb offen
Stimmen – leise vernehmbar
Dann fiel die Tür ins Schloss.

Es wurde still
Kein Ton drang durch
Der Blick versperrt.

Ich lauschte - immer wieder
Aber es blieb stumm.
Verschlossen.

Tag und Nacht

An den Tagen singt die Lerche ihre Lieder

An den Tagen lasse ich meine kleinen Fußabdrücke im Garten

An den Tagen spähe ich den Rehen nach

Am Tage sprüht der Flieder seine Düfte

Am Tage nehme ich den Wind aus den Segeln

An manch einem Tag verliert sich die Welt

An meinem Tag mache ich mich auf den Weg

Verbandele mich mit mir

Am Abend

Geht der Lunge die Luft aus

An den Abenden

Versinke ich in der perlweißen Wand

An einigen Abenden

Verschweige ich die Zeit

Immer an den Abenden

Trete ich neben mich

Wie oft an den Abenden

Zermahle ich meine Zähne

An manchen Abenden

Nehme ich die Blume in mein Bett

Heute Abend

Sauge ich den Duft ein

In der Nacht

Lege ich die Augen unter die Decke

Verschwende meinen Schlaf mit Gedanken

Das Nichts fühlt sich kaum besser an.

Schicksalsschläge-Blues

Vom Steilhang

Stürzten die Steine

An den Strand

Zerschlugen

Zwei Liebende

Die gerade ihre Trennung besiegelt hatten.

Ach, so viel

Ich wollte dir noch so viele Geschichten erzählen
Ich wollte deinen Worten lauschen
Mich dem Klang hingeben.

Ohren spitzen
Laute in Bilder umwandeln
An deinen Lippen hängen
In deine Augen blinzeln
Klänge erzeugen.

Der Fluss rauschte vorbei
Ich lag auf dem Rücken
Hörte die Melodie des Wassers
Die Geschichten pulsierten in meinen Adern
Die Sonne durchdrang meine Augenlider
Das Blinzeln ermattete mich und ich fiel in den Schlaf.

Als ich aufwachte
War es stockdunkel
Ich fror
Stand auf
Nahm meine Gedanken des Tages
Mit in die Nacht.

Der Sternenhimmel wies den Weg

Gestärkt durchschritt ich die Dunkelheit

Ich hörte Stimmen

Aber niemand sprach zu mir.

Erst am frühen Morgen

Als die Sonne ihre Strahlen aussandte

Hielt ich inne

Meine Stimme versagte

Ich hatte nichts mehr zu erzählen

Keiner stimmte ein

Keiner

Niemand

Nicht einmal ich.

Ich hatte dir noch so viel erzählen wollen

Ich hatte immer noch so viel in mir

Für dich

Die die mein Leben so hochfliegen ließ

Für dich

Der ich alle Seelengeister verdanke

Für dich

Die die die Sonne vom Himmel herunter holte

Die die die Leiter mit in die Wolken nahm

Die die die uneingeschränkte Gedankenlosigkeit erlaubte

Die die jenseits der Mauer ruhte

Und alle Stiegen hinaufkletterte

Und niemals losließ

Immer im Akt der Vergessenheit

Auf dem Ast, der in den Himmel ragte.

Ich hätte dir noch so viel zu erzählen

Und würde gerne deiner Stimme lauschen

Ich habe den Glauben an die Unendlichkeit.

Zertrümmert

Es ist Nacht

Die Armbeuge bleibt kalt
Die Knochen fahrig verrostet

Das Hirn im Getriebe
Ein Schatten im Halbkreis

Verwundet geht mir der Fraß aus
Am Schenkel ein rotes Band
Gestürzt am Bordstein
Im Netz der Verblindung

Der Schrei verhallt in den Nebelschwaden
Die Kirchglocke stumpft auf dem Rücken

In den Schlaglöchern lauernd
Das zerbrochene Gebälk

Scherben kreuzen die Bahn
Sie entgleist
Zerschellt am Steig
Der rote Blinker

Es schrillt durch die Gänge

Bluesfarbenes Blau

Der lang gezogene Ton

Es kann nur Es sein

Es muss es sein

Muss es sein

Muss sein

Sein

Muss

Ich lege das Gerät an die Seite

Stampfe mit dem Fuß

Noch ist es tiefschwarz

In der schrillen Helle

Gleißend zermalmt.

Der Blick ins Tal

Über den Bäumen

Das Tal

Der Wind weht die Träume aus den Augen

Im kleinen Idyll weckt die nahe Glocke den Zauber

Kehre ein

Lass' dich fallen

Nimm dem Zorn deiner Zeit die Flügel

Schwebe im Alltag.

Auf meinen Lippen

Gerade gehe ich die Straße entlang,

Ich sehe schöne junge Menschen,

Sie sind lustig, schreien in den Tag hinein.

Sie kitzeln sich, sie sind bei sich, so froh.

Die Sonne lacht ins Gesicht,

Sie blendet,

Sie zieht Schatten über das Gesicht,

Sie macht glücklich.

Allmählich wird es wärmer, und der Tag kann beginnen.

Ich setze mich auf den Stuhl,

Lege die Beine hoch,

Plötzlich rinnt eine Träne.

Einfach so, so als habe sie jemand geschickt.

Sie rinnt und tropft auf meine Lippen.

Ich wische sie weg und frage mich, warum sie mich bereits am Morgen heimsucht.

Die Blüten blühen blau, zinnoberrot,

Die Steine blinken gelb und strahlen Wärme aus.

In den Gemäuern ist Stille.

Oase

Manchmal schreit alles zum Himmel

Rot fackelnd Feuer entfachend

Nach dem Lodersturm

Sandige Stille.

Das Pochen in den Adern

Entmutigt von der Ellipse

Am Hang der haltlosen Bügel.

Tosender Sturm durchtrümmert die Nacht

Am blauen Ende durchkämmt der Orkan die trostlose Wüste.

Doch der Stern steht stille

Orientierung für den Moment

Ortung Wartung Halt Besitzergreifung

Kleine Schritte in Richtung Oase

Spenderin des Lebens.

Umarme mich

Fieber

Verliebtheit

Ihr ausnehmend schönes Gesicht

Jetzt für mich allein

Wir biegen in den Boulevard de l'Ottenthal

Ich sehe sie ermutigend an

Glaub mir, es gibt einen Himmel auf Erden

Jetzt

Unter meinen Füßen schwankt der Boden

Alle meine Sorgen ruhen

Mein Hunger zerfrisst mich nicht mehr

Sondern nährt mich

Meine Sehnsucht kein Kummer

Sondern Genuss

Schenk mir ein Glas voll

Umarme mich!

Manchmal

Manchmal gehen die Tage dahin
Manchmal auch die Nächte

Aber immer
Eine Hand
Ein Kuss
Ein Augen-Blick

Manchmal
Auch die Nächte stürmisch
Im Gleitflug segeln wir dahin
Und vergessen alles

Nur wir.
Manchmal
Ist es so
Und manchmal so
Beides gehört zusammen.

Halte mich

Feste nehmen wir unseren Atem

Schnörkelloser kann es nicht sein

Beim Tanz auf dem Berg

Am Rande der Schlucht

Zerschneiden wir die Luft

Spaltentief

Mohnduft umsegelt den Damm

Der Weg fällt ab

Und wir verlieren uns im Dickicht der Gefühle.

Rot

Ich errötete die Nacht

Ich spürte deinen Atem

Ich nahm dich mit

Du hast mich gefangen

Du hast Licht gebracht

Du hast mir deine Bewegungen geschenkt

Du hast

Du bist

Du gibst

Du nimmst

Wir.

Die Zeit

Ein Steinwurf entfernt vom tiefblauen See
Werden wir uns mittags treffen

Werden sich die Zeiten
Ineinanderfügen

Werden wir aufeinander
Zulaufen
Schnell
Ohne Hast
Stehen wir voreinander

Die Zeit anhalten
Was für eine Zeit.

Wie schwer

Wie schwer liegt der
Morgen im Magen.

Immerhin am Horizont
Musikalische Fluchten
Eigenartig.

Ein spärliches Gemurmel
Lässt mich an den Lippen hängen.

Schwer falle ich nieder.

Hände

Welche Rolle Hände spielen!

Magst du diese Hände?
Auf deinem Rücken spüren?
Magst du, wie sie deinen Hals befühlen?
Und dein Ohr und deine Schenkel berühren?

Magst du ihren leichten Druck
Und ihre Sanftheit?

Magst du
Ihre Hände auf deinem Gesicht?
Die Weichheit
Und die Signale der Nähe?

Wenn ja
Sei froh
Denn was für ein Unglück
Könntest du die Hände deiner Geliebten
Nicht ertragen.

Hinweg

Verknotet einst

Kaum entschwindet der Duft

Ineinander

Sicher Vakantes zerlegen

Immer dich gesucht

Zerspaltenes Scherbengericht

So als ob wir aufeinander wartend

Im Einerlei verharren, vorher.

Dampfhammer brutal

Nie so voller zarter Verschmelzung.

Schnecken legen die Schleifspur

Überdeckend, schleimig

Wir suchten uns, wartend

Die Stunde trat erwartungsvoll ins Leben.

Nester voller Steine fallend in den Schlund

So tief versunken in das geniale Schweigen

Der Glücksmomente.

Triefende Eintönigkeit in der Hölle, der ausgemergelten Brutalität

Leise schwebt die Stille in meine Herzkammer, verkrampfend
allenthalben.

Immerhin

Das Blau am Horizont

Zart und himmlisch

Nagend, in mir stampfend der Körperschlag, brutales Erwachen.

Fische ich den Strohhalm aus dem Spalt.

Ob es hält

Das Machwerk der Pein

Ob der Blütenstengel dem zugigen Strahl trotzt?

Ich nehme ein Bad

Lege meine Füße hoch

Atme tief durch

Erbleiche.

Auf See

Auf dem Eissee

Ein einsames Paar

Sie drehen die Runden

Kreisen um sich

Zeichnen eine Acht

Kommen zueinander

Driften weg

Nehmen die Hände

Ein lautes Lachen

Eine Möwe kreischt über den See

Am See stehen zwei Männer

Wenden ihren Blick nicht ab

Unruhig gehen sie des Weges

Der Schnee knirscht unter ihren Schuhen

Viele einsame Wanderer

Die den Weg nicht finden

Das Eis bricht

Ein Schmelzen auf der Zunge

Du bist nicht angekommen

Du gehst deines Weges

Du lenkst deinen Blick in die Sonne

Das Eis bricht

Du brichst ein.

Zurück

Du bist zurück
Ich weiß das
Du warst weit weg.

Am Tage - da schaue ich der Sonne ins Gesicht
In der Nacht – da blicke ich in das Schwarze der Nacht.

Meine Gedanken fliegen
Mein Herz schlägt wild
Ich mache mir keine Illusionen
Meine Stimme versagt
Würde ich gelegentlich einen Sonnenstrahl abbekommen,
Der das schwarze Loch versenkt
Wäre die Seele im Gleichklang.

Einsamkeit

Tanz in den Himmel
Beschwingt sollst du sein.

Lass' keine Gelegenheit aus
Die Musik lässt dich schweben.

Mit beiden Beinen am Boden
Im Tanz vereint.

Musik liegt dir im Blut
Die Füße trommeln
Der Körper schwingt
Ein Beben.

Spiel mir die Musik
Die mein Herz erfreut
Die meinen Kopf befreit
Spiel mir die Musik
Die uns in den Himmel zaubert.

Wenn ich
Des Nachts zu Hause liege
Weiß ich
Wie sehr die Melodie
Dich auch nicht tröstet.

Der ausgelatschte Pfad

Der Matsch, der Brei, im Schlamassel

Man tunkt in die braune Sauce

Und immer tritt der bittere Gestank in die Nase

Am Ende ist alles endlos banal

Am Ende ist der Anfang nur noch Erinnerung

Am Ende zeigst du dir den Vogel

Am Ende bereitest du dir selbst deinen Abgang vor.

Haarscharf

In der Windstille
An der Mauer
Verweile ich.

Lächelnd schaue ich dem Treiben zu.

Später
Der Wind braust auf
Haarscharf
Zerschneidet das Gewitter
Die Hälfte meiner Gedanken.

Ohne zu zucken
Bleibe ich in mir
Allein zurück.

Fernab

Ich bin weggetaucht

Entfliehe dem Getümmel

Kehre in mich

Wage kaum den Kopf zu heben.

Fernab

Von allem

Gibt es auch keinen Trost.

Sie

Sie nahm die Löffel aus der Hand

Gabel und Messer scharf gewetzt

Sie fischte den Brocken

Zermalmte ihn

Spuckte aus

Zerbrach die Zacken

Putzte alles weg

Bis die dünne Haut

Das Schienbein berührte.

Ein Trachten am Endpunkt

15cm nur – nie wieder.

Hörrohr stark am Anschlag

Pausbackenes Erstaunen

Entern an der Scheide zum Siedepunkt

Entrinnen aus dem Eiterschlamm

Krücken helfen über die Stiege im dritten Hinterhof.

Sie atmete

Setzte ihre Lippen an die Teetasse

Rooibosch, please.

Stellenbosch

Am Abend
Eine leichte Briese
Nebel stieg herab
Von den Bergen
Es hatte geregnet.

Ich lag wach
Kreisende Gedanken
Jakaranda Blütenstaub
Ein Haarbreit mehr
Und ich wäre geblieben.

Auf der Terrasse
Mit Freunden
Gelächter
Nachdenken
Der Himmel verdunkelt
Licht allenthalben
Das Glück kannst
Du greifen.

Dennoch
Nach Hause muss ich
Immerhin
Ich gebe die Hoffnung nicht auf
Mehr als das Glück zu träumen.

Palmo, Paris

Palmo di Terra
In den Hügeln
Augen geschlossen
Wind weht
Wolken bauen sich auf.

Paris, Texas
Blick durch die Scheibe
Vorne wie hinten
Mann und Frau ohne Sprache
Wenigstens singt Ry Cooders Gitarre

Palmo di Terra
Burgen wachen über das Land
Sattgrün im Mai
In alle Richtungen
Freie Bahn
Abendnebel verdecken die Gedanken
Der Wein duftet die Hügel hinauf
Olivenbäume säumen die Pfade
Einen Tango wollen wir tanzen.
Palmo
Palmo di Terra

Blütenträume

Im Kreise erklimmen sie Berge

Wolken verdichten sich

Der Donner entlädt die Spannung

Pusteblume des Alls

Am Lauf des Flusses

Im kalten Strom

Verbandelt sich die Sehnsucht mit Furcht

Blüten verkleben die Sinne

Immer wieder das Summen im Ohr

Es-Dur

Die Septime fis-zelt von dannen

Im Dur des Molls

Pompadour

Immer wenn ich an

Little Richard mit seinem Pompadour denke

Dann zischt seine high-low Musik in mein Ohr

A wop bop a loo lop a lop bam boo

Immer wenn ich an

Die schlauen Menschen mit ihren Einbahnstraßenoffenbarungen denke

Dann schrillt der Ticker ohne Ruhe in mein Ohr

Et moi, et moi, et moi

Immer wenn ich an

An die Wichtigtuer in den täglichen Schausendungen denke

Dann säuselt leise ein vergiftetes Flüstern in mein Ohr

Et moi, et moi, et moi.

Immer wenn ich an

Die genialen Geister an den Stammtischen denke

Dann braust ein braunes Gesöff in mein Ohr

Et moi, et moi, et moi.

Immer wenn ich an

Die Könige des Twitterns denke

Dann pirscht monoton Jacques Dutronc in mein Ohr

Et moi, et moi, et moi

Immer wenn ich an
Den sich selbst zuhörenden Alleinunterhalter denke
Dann pruste ich selbst in mein Ohr
Et moi, et moi, et moi.

Da liege ich in meinem kleinen Gänsedaunenbettchen
Finde keinen Halt mit meiner vegetarischen Ernährung
Zu viele Sternschnuppen um mich herum
Immer alles palletti - Claro!
Da geh ich mal in mich
Laufe einmal um den Block
Lasse den nassen Wind in meine Augen wehen
Zu Hause steht schon die Whiskeyflasche auf dem Tisch

Ich verschließe die dunklen Augen
Mache den kleinen Hampelmann
Nicke heftig und zustimmend
Trete mit dem Fuß auf und verdufte mich

Ich bin nackt in meinem Bad

Bin der entwaffnete kleine König

Wie ein Idiot in diesem Schummelspiel

Nehme ich den Kompass und gehe von dannen

Ich warte nicht auf die selbsternannten Turmpfeiffer

Ich spanne meine Ohren auf

Ich mach mich auf den Weg ins Delta

Dort spielt die Musik, dort rücke ich meinen Pompadour zurecht

Am Ende galoppiert der nackte Rhythm and Blues in mein Ohr

Singt von der kleinen Königin

Ich sitze wieder fest im stampfenden Beat

A wop bop a loo lop a lop bam boo.

Spiel den Furchen Blues

Spiel den Boogie

Spiel den Roll

Spiel den achten Takter

Spiel Adur Ddur Edur Adur

Am / Am / Dm / Am / Em / Dm / Am / Em

Die Synkope

Lass sie tanzen

Lass sie rocken

Lass sie wippen

Lass sie schmelzen.

Knie dich nieder

Erheb dich

Lass dich fallen

Halt dagegen

Lass dich Tode sterben

Und lehn dich auf.

Gib dem Rhythmus weiter Zunder

Drehe den Schalter hoch

Gehe auf Verzerrer und Entsperrer

Regle bis zum Anschlag.

Dam da da dam dam

Da dam dam da da

Reiß die Ketten runter

Lass dich gehen

Geh voran

Trete mit dem Fuß auf

Überwinde den Schmerz

Lass andre das Weite suchen

Sie warten ab

Sie kuschen bei

Mundhalten - Schnauze halten!

Bloß keinen Ärger.

Trete mit dem Fuß auf

Die Hitze wird unerträglich

Die Vögel ziehen davon

Kein Schmetterling mehr

Das Summen der Bienen ist verschwunden

Der Acker steht im Wasser

Die Jauche verströmt den Duft des Herbstes

Silbergrau in der Furche.

Hau rein

Lass die Klänge wie Sirenen schreien

Lass den Bass dir in die Glieder fahren

Trommelwirbel Gitarrenriff

Aus dem Shuffle dröhnt die Harp

Kreischend durchzieht der Gesang die Töne

Krachend wummert die Trommel

Auf der Ebene geht es los

Go baby go

Go baby go.

Let the good times roll

Lass der Schwalbe eine Stätte

Es könnte auch die deine sein.

Auf verwachsenen Pfaden

An den Abenden

Lese ich dir vor

Das verwehte Blatt in Des Dur

Das Wort stockt

Manchmal falle ich in Tränen

Komm mit!

Geh zum Friedensacker!

Es stockt das Wort

Das Käuzchen ist nicht fortgeflogen

Der Quarte eine Brücke bauen

Orgelpunkt, schlicht und einstrophig

Verwachsen von zartkleinem Klee

Lass den Glauben niemals enden

Lege das Gras frei

Immer wieder gis

Sie schwatzten wie die Schwalben

Es stockt das Wort

Andante in Es-Dur.

So namenlos bange

Auf der Schattenseite der Nacht.

Der Tod ist unentrinnbar

Voller Todesahnungen im Choral

Der Pfad hebt seinen Rock

Das Käuzchen ist noch da.

Schumann mit Rachmaninoff in der Nacht verstehen

Der Anschlag – auf das Klavier

Der Auftakt im ersten Satz

Die Gemütsruhe verfliegt

Kann man Schumann verstehen, wenn man Rachmaninoff nicht zu entschlüsseln bereit ist.

Das a-moll moduliert ins d-moll

Zärtliche Lockungen

Besänftigendes F-Dur

Dann ins schwerblütige f-moll.

Nächtliches Klagen

Kontrapunktisch.

Eine Melodie zum Mitsingen.

Dann ein Beben, aber festgefahren.

Kaum ein Hauch

Hingehaucht

Der wiederholende Galopp in die Hymne schafft Erleichterung

Wiederholend im Akt

Zwischentöne fließend

Höhe mit Obertönen wieder eintauchend

Ein Strom.

Verflüchtigte Bewegung, erneuter Anlauf, Eindringen in die Tiefe.

Der Ton bleibt sanft beschleunigend retardierend

Resilientes Schleudern, Stolpern und doch wärmend

Wiederholend treibt der Satz in die letzte Runde.

Abschluss mitnichten.

Die Koda.

Von der Leidenschaft ins Allegretto

Changierend im Einklang.

Die Berührung gibt zarte Impulse

Zögerlich – ein Hauch

Aufsteigend – absteigend

Kräftig zupackend

Das Piano zieht die Violine mit, sie beugt sich, trägt und fliegt von dannen.

Ein Raunen

Stille

Ein Hauch

Verspielt

Kein Zurück, nur Wiederholung

Beizeiten zieht das eine das andere

Schwebende Leichtigkeit

Plätscherndes Ausruhen.

Die einigenden Hände haltend das Erreichte, sich reibend, herausfordernd, wieder das Spiel, ausschweifend beginnt es von vorne, melodiöses Vereinen, das Pedal erzeugt den Hall, überlappt. Forte, pianissimo, bald fallend in trauervolle Weihe, wo bleibt die Auflösung?

Neu beginnend – Anlauf, ach, ein Punkt.

Lebhaft der dritte Satz, erneut die Annäherung, das Spiel beginnt mit einer verwelkenden Trauer.

Stille, langsames Aufatmen, Durchatmen

Die Kreise bewegen sich, ziehen ineinander.

Der Tod – in uns

Leidenschaft in uns.

Der kleine Tod.

Piano und Violine modulieren, ziehen sich an, bleiben auf der Höhe. Treiben sich hoch, verharren in der Tiefe, lassen nicht voneinander, bleiben und bleiben.

Tanzen um sich herum.

Immer schneller, noch schneller. Bleiben kleben und verzurren sich, so lange, bis die Hymne beide zusammenschweißt.

Galoppierend, Wiegelied, ein Kommen und Gehen.

Nähe, Ferne

Nähe, Ferne – im Tanz vereint. Der raue Ton dazwischen, dann spielerisch im 16. tel – Rückfall, plätschernd – Fanfare.

Wohin nur wohin?

Rasendes Spiel, dringlich.

Harmonie

Sanft klingen sie aus

Und ermatten.

Neill tritt in Strawinskys Fußstapfen und Igor nippt an Youngs Cocktail

Neill, bodentief gefallen

Moll handglatt

Zieht den Fuß hinterher

Stolpert im Akkord kniewund.

Strawinsky weiß nicht weiter

Eiert mit Tschaikowski rum

Melodiöse Landoratorien

Cocktail ungenießbar.

Neill - wenn du aufwachst, bist du gestorben

Das Plektrum glissiert und stakkatiert

Das wehende Haar zertrümmert

Halsschlagader platzt.

Strawinsky legt die Platte flach

Reißt die Augen auf

Russland nur noch im Hinterkopf

Rockin' in the free world.

Neill verbandelt Strawinsky

Der Wüstling fliegt davon

Feuervogel im Brandanschlag

Im geheiligten Frühling davon gesegelt.

Strawinsky schreit in den Tunnel

Im Ohrgang der wummernde Schwall des E Basses

Komplett ausgetickt

Konsterniert im Koma.

Neill ortet Strawinskys Fußstapfen

Abgesang auf die US

Titanengleich - after the garden is gone

Der Paradiesgarten zerstob.

Igor nippt an Neills Cocktail

Trommelwirbel am Anschlag

Bär und Yankee erledigt

Rockin' in the free world.

Der Weltscheibenblues

Damals – ich wusste genau.
Als ich das Paddel in die schwere See stach
Der Abgrund toste vor mir
Der Sturm zog weiter.

Der Allmächtige hebt die Scheibe.
Die See spiegelt den Donner
An den Büschen kein Halt
Das Wasser schwappt über.

Die Scheibe hat sich in der Magengrube festgebissen
Verklärten Auges treiben wir auf die Klippe zu
Der einäugige König bläst den Wind von hinten
Betreten verboten!

Am Abhang ziehen wir uns die Schuhe aus
Ordnung muss sein
Das Paddel verhakt sich am spitzen Gestein.
Eines Beweises bedarf es noch.

Ich zupfe die Gitarre – ein Lied.
Wenn die grünen Fahnen wehen
Dem Morgenrot entgegen
Auf auf! – die Schlacht ist verloren.

Im Chor stimmen wir ein

Singen den Scheibenblues

Beten zum Himmel

Das letzte Geröll ist gekommen.

D 956 – eine Ode[2]

Vielleicht verstehst du diese Musik nicht,

Vielleicht wirst du sie nie in Ruhe hören

Vielleicht wirst du damit nichts anfangen können.

Vielleicht aber wird sie dich ansprechen, eines Tages, wenn dir danach ist.

Sie ist wild, sie ist streng,

Sie ist einschmeichelnd,

Sie ist ganz ruhig, wenn du den 2. Satz als erstes hörst.

Es geht um Sehnsucht, die Liebe, das große Glück,

Die tiefe Verbundenheit von zwei Liebenden,

Sie geht unter die Haut,

Sie hebt deine Sinne zu größtem Glück,

Wenn du dich darauf einlassen kannst.

Der zweite Satz, die Verzweiflung, die Zerrissenheit, das Flehen, das Leiden, das hilflose Flehen und die große Sehnsucht.

Nach der Liebe des Lebens.

Dieser zweite Satz ist unser Satz.

Die Inkarnation von Glück, Leidenschaft und Verzweiflung.

Der dritte Satz – die Hektik des Alltags,

So schnell, so rauh, so widersprüchlich wie das Leben.

─────────────────────────

[2] Franz Schubert, Streichquartett C-Dur, Opus Post. 163, D 956 (1828).

So schnell zieht das Leben dahin,

So schnell gehen die Dinge zusammen und auseinander,

Die Suche, die schnelle Suche,

Das Wünschen und Hoffen,

Die Verunsicherung und die verzweifelte Suche,

Die Angst, die Ängstlichkeit, die Unsicherheit,

Dann plötzlich dieser Aufruhr,

In einem Atemzug ziehen die Wolken dahin

Und wir wissen gar nicht was uns geschah,

Der flüchtige Blick,

Das Gefangensein in seiner Welt,

Der Aufbruch, das Verpuffen am Rande des Wahnsinns,

Das eilige und verhängnisvolle Schielen in die Welt.

Loslassen festhalten,

Die Bewegung als Sinnbild des Lebens.

Dann im zweiten Teil des Satzes:

Getragen von der Sonne des Spätsommers,

Die stillen Abende,

Gemeinsam und nachdenklich bleiben wir beieinander,

Langsame Schritte und erlösendes Klagen,

Einander nahe ohne wenn und aber.

Harmonie, dur,

Langsam spielen wir uns unsere Welt zusammen,

Bis auch diese zerbricht.

Sie kündigt sich an,

Leben und Lebensende,

Schweigen mit sich allein,

Der Ort der Auflösung.

Und nochmals die liebende Verschmelzung in einem großen Bogen.

Dann erneut der Wirbel,

Aufbäumen gegen das Kommende,

Gegen die Zeit,

Die voranschreitet und die wir nicht aufhalten können.

Aufbäumen und getrieben sein.

Noch langsam aber immer schneller kündigt sich der zerstörte Traum an.

Mag nicht loslassen,

Habe genug verloren.

Will nicht dem Strom ausgeliefert sein, sondern leben und die Liebe.

Dann der tänzerische Beginn des vierten Satzes – das Allegretto.

Nochmal im Reigen des Lebens,

Eintauchen und Glück empfinden,

Wie eine Welle

In der wir umeinander tanzen,

Mal links mal rechts und im Kreis.

Wir kommen uns nah, so schön deine Augen zu sehen,

Sie leuchten, sie empfinden Glück,

Du schmiegst deinen Arm auf meinen,

Legst den Kopf auf die Seite ohne Angst,

Du bleibst mit dir selbst im Glück des Schwelgens.

Kannst du noch schweben?

Lass die Zügel nicht schleifen,

Sei beharrlich und verliere nicht die Sehnsucht.

Die Sehnsucht nach dem Leben.

Gehe hinein, packe es an,

Es ist schwer genug tänzerisch zu bleiben und den Rhythmus zu halten.

Keine Pause,

Im Moment nicht,

Packe an und lasse nicht los.

Dein Leben ist kurz und zu schmerzhaft gewesen.

Hattest du je geliebt,

Hattest du je das große Glück empfunden,

Bist du dir nicht sicher.

Doch die Melodie holt dich ein,

Du tanzt alleine.

Die Wehmut,

In sich finden,

In sich hineinhorchen,

Nach der Stimme, die dir mal ins Ohr gesummt hatte,

Du ließest deine Haare auf dem Körper deines Freundes kitzeln,

Er nahm die Vibrationen auf,

Du warst mit ihm,

Noch einmal den Tanz beschleunigen und immer flotter sich um die eigene Achse drehen

Und immer schneller,

Du wirbelst herum und fällst fast auf den Boden.

Doch deine Beine und dein Wille sind stark

Und du stehst im Leben.

Du fürchtest dich nicht mehr.

Aber der erste Satz, geht unter die Haut.

Er schwebt mit dem Tempo davon,

So leichtfüßig und doch so schwer,

So wehmütig,

Die Sehnsucht treibt

Die Süße des Tages und der Nächte schmachten.

Ein drängender Rhythmus, die zwei Celli, Pizzicato,

Sie ziehen in den Bann und machen glücklich.

Diese tanzende Melodie, die Leidenschaft in dir,

Die Wünsche, der Trieb und ach,

Zugleich das Abstoßen und die Anziehung.

So geht es munter durch.

Und immer zieht deine große Liebe dich an

Sie fängt dich ein

Sie lässt nicht locker

Sie kommt immer näher

Ob du es auch schaffst

Bist du bereit

Ja, du trägst sie auf deinen Schultern, nimmst sie mit

In eine gemeinsame Welt

Das pralle Leben.

Wiederholend in schwerer Eintracht

Drängen und dringen

Nehmen und aufnehmend

Geschmiegt beieinander

Kräftig vereint

Die Haare kitzeln dir die Augen

Ein Duft als Segen

Erneutes Aufbäumen

Bleib bei mir, gehe niemals fort.

Und wenn du fort gehst, nimm mich mit.

Mag sie wohl kommen

Mag er wohl kommen

Er ist so weit, sie ist so weit

Ferne und Nähe, was kann noch kommen

Schmerz durchsticht das Herz

Doch die Sehnsucht siegt

Sie gewinnt die Herzen.

Bleib, bleib einfach.

Die Musik spielt auf

Uniformen sind des

Mannes Schmuck

Die Bläser legen sich ins Zeug

Ein Marsch

Der Schritt

Stechend

Ordnung stellt sich ein.

Am Ende des Schmetterns

Beine vertrampeln

Auf einem Fuß stehend

Die Welt mit anderen

Augen anschauen.

Sich nach Hause sehnen

In den Armen der Frau

Tönt leise der Wind

Durch den Abendhimmel.

Wenn die Winde wehn'

An den Abenden auf den Höhen
Lauschen wir dem wahren Leben hinterher
Am Abend, wenn die Sonne ihre letzten Strahlen sendet
Verweilen wir in unseren Träumen.

Die Winde verdrehen uns die Köpfe

Wenn die Winde vom Norden wehen
Packt uns die Abenteuerlust
Wenn die Winde vom Süden aufziehen
Nehmen wir ein Bad im Leben
Wenn der Ostwind kommt
Kraulen wir uns in die heimatliche Decke
Und wenn der Westen uns ein Lied singt
Dann nehmen wir Reißaus in die Welt.

Immer dem Norden, dem Süden, dem Westen und Osten nach
Immer im Dunst der Liebe und Freundschaft
Immer gelebt im Jetzt
Immer ein Raunen von der Tiefe der Täler und den Höhen der Gipfel
Niemals ist Ruh
Niemals vergessen wir

Nie und nimmer werden wir aufgeben

Denn unsere Träume werden wahr

Und unsere Sinne und unser Geist verkörpern die Kraft des Lebens

Das unendlich ist

Und doch stirbt.

Am Abend

Stille
Beunruhigende Stille
Stille am Abgrund
Blicke in den Schlund.

Ein Abend.

Ich gehe allein zu mir
Fühle meine Blässe
Die Watte an der Stirn
Kein Durchdringen
Tonlos
Sprachlos.

Der Kuckuck macht die Augen zu
Und summt seine kaum hörbare Melodie
Zwei Töne im Wechsel
Selten war die Tonlage so gefühlvoll
Schwebt davon
Voller zarter Anspielungen.

Variationen von Blau

Die Blaue

Schreitet hinein

Ein leiser Windzug.

Wie ein schwebender Ball

Tippeln im Landeanflug

Platschend

Dringt das Haar durch

Die Ritzen

Verbleichende Schemen

Prasselnd

Bricht das Blau wieder durch

Und verschwindet wieder

Nur ein Moment

Im Gleitflug.

Die Pause vom Mauseloch

Lege ich eine Pause ein? Noch eine.

Lasse ich den Dingen ihren Lauf? Schon wieder.

Laviere ich um den heißen Brei? Nicht nochmal.

Vielleicht nehme ich Reißaus

Nicke mit dem Kopf hin und her

Und biete der Seele ein Ruhekissen

Oder ich verstecke einfach meine Ohren hinter dem warmen Ofen

Und mache eine Reise in eine andere Welt und verdoppele meinen Weitwurf

Und schaue zurück auf die da unten

Schließlich bin ich der fliegende Robert

Ich bleibe nicht im Mauseloch.

Der Ort

Wem gehört der Ort des Gedenkens

Wem gehören die Geschichten der Nacht

Wozu benötigen wir Erklärungen

Weshalb sollen wir zuhören.

Wann immer eine neue Zeit anbricht

Lass' die Geschichte hinter dir

Wann immer die Fahne im Wind weht, gebe dich dem Sturm hin

Wo auch immer du bist

Was auch immer du denkst

Wie sehr du vergessen magst

Welche Verdrängungen dich noch halten

Die Träume werden dich begleiten.

Wattebausch

Alles verhallte im Wattebausch

Ich habe den Berg bestiegen und Ausschau gehalten

Habe Pflug und Schar auf die Spur gesetzt

Habe den Regenbogen in einen Sonnenschirm verwandelt

Habe dem Abhang die kalte Schulter gezeigt

Habe verbissen mein Bein nachgezogen

War im Kreuzgang der Spinne

Nahm dem Adler die Sicht

Stolperte am Wegesrand in den Zaun der Demut

Verhob mich mit dem Luftschaum

Das Dreigestirn am Himmel verhedderte sich

Und die Ziege ließ sich durch mein Blöken verscheuchen.

Der Wattebausch verschlang meine Worte.

Le ciel est mort

Die Nacht umweht meine Gedanken

Im Himmel der verstummenden Geigen

Der Tiefgang im Krebsgeschwür

Die Hand im Stacheldraht des Abgrunds

Schwarze Löcher fallende Steine bebende Böden

Der Halt im Geröll

Stürzend

Der Himmel hatte keine Bleibe

Der Himmel ist gestorben.

Schmerzfrei

Ach, Schmerzen

Stiche in der Nacht

Im Halbdunkel

Gare ich den Albtraum

Verdichtet im Gewirr

Leichte Modulation

Gefahr im Verzug

Immer noch der Stich.

Am Abend verzettele ich mich

Hebe ab, falle hinein

Zerschmettere im Bogenfall

Wiedermal

Sehnsuchtsreif

Schmerzfrei erbebt der Nabel.

Schmerzensglück

In der Gegenwart des Schmerzes

Bunteblumen im Gesang des Verstandes

Erinnerungsglück

Verstandesgottesgabe als Teufelswerk

Im Sonnenstrahl dem Mond entgegen

Der Schlot im Grase

Wundersames Rauschen

Im Strom der Luftmassen

Vergegenständlicht sich im lebenden Gesange

Nimmersattes Lachen

Verborgen in den Tiefen des Schlundes

Auszeitenreif

Inselvergnügen

Strandgut am Hange

Straußeneier verdinglichen sich kaum im niveaulosen Gehampel des Alltags

Auszeitenreif

Hochtiefblauschweigen

Topografie der Niederungen im hochluftigen Sternenbanner

Bald soll es wieder regnen

Nimmersattes Greifen

Verdinglichtes Schweigen in der Matte

Strumpfband geknöpft

Fließender Absturz

Reisender bleibt stumm

Nimmt sich den Wahn von der Schulter

Basisbares Gebären

Geburtennahes Streben

Verdammtes Verstummen

Lebenslange Freudentänze in der gleißenden Glut

Tanz der vampierenden Schnecken

Losgelöst im Augenblick

Dann der Abflug über der Mondsichel

Absturzreif gnadenlos und verkrampft träge

So stelle ich mir den Sommer des Alleinseins vor

So nehme ich den Absturz selbst in die Hand

So vernichte ich mich gnadenlos und verjüngt am Ende

Spätheimkehrer mit Schneckenhaus

Vorbei geschrammt am Elfengesang

Erhellend obertönend, verbarrikadiert im Sehnsuchtstaumel.

Breitbeinig lasse ich den Strahl zu

Verneige mein Angesicht vor den Zacken der Zukunft

Ebonie Ebonie

Innen und außen.

Bald soll es wieder regnen.

Die Kerze

Die Flamme des Schlundes
Tiefe Seligkeit
Schenkelweise
Voller Glut
Schwarze Bäche im Glücksrausch.

Anschließend
Zermattet
Fingernagel brennt sich in das Augenlid.

Reißt auf
Zerklüftet

Ermattet kniest du nieder
Nimmst den verlöschenden Docht
Zwischen die Zähne
Atmest tief
Rauch zieht ein.

Vorbei die Marter
Blick in die rußschwarze Kerze
Rot
Warnung
Verkrustetes Einerlei
Im Speckmantel
Vorbei, vorbei.

Tumultös

In den engen Gassen

Stoßen Schreien

Zuwendung, Hinterräder.

Kopflos im Gewirr

Orientierung verloren

In den Attrappenschluchten

Vogelfrei

Verirrt.

Das Klappern der Hufe

Geigenkasten

Hörrohr

Eskalierende Verhöre

Tumulte zerbrechen

Den hörbaren Rausch.

Haarwind

Dein Haar streichelt mein Gesicht

Hin und her

Wie der sommerliche Wind, der leicht süßliche und warme Luft
über die Hänge weht

Durch meinen Körper

Streicht der Haarwind

Und ich fange an zu vibrieren

Kitzelt mich und ich strahle in mich hinein

Windhaar

Wie der Duft des Glückes

Wir nehmen unsere Hände.

Liebe in aussichtslosen Zeiten

Denken an dich denken
Denken an sich
Für sich
Mit sich
Denken zum ersten zum zweiten
Denken in der Tieflage
Denken im Zweigang
Mehr als sonst
Tumult in den Gehörgängen
Beidseitig
Zweiseitig
Bloß nicht eindeutig.

Viermal klingelt der Lieferant
Doch bringt er nichts als Leergut

So vertingelt der Tag

Mit Denken
Einseitig
Zweiseitig

Doch gerade aus

Im Taumel der Gegenwart
Die keinen Trost spendet

So bleibt nur die Umarmung
Die Liebe.

Honigmund

Geradeaus ist die Devise

Lasst die Blumen blühen

Der Himmel blau

Ein Wehen im Haar

Manchmal träumte ich vom Honigmund

Nun, da er da

Zerstäubt sich der Holzfunke

Ein leises Pochen

In den Adern

Gerade noch kratzen sich die Geister

Die Augen aus

Während sich der Honigmund leicht verdoppelt

Ein Lächeln auf den Lippen

Der Rocksaum abgewinkelt

Tänzelnd im Wind

Oberhalb der vertauten Kuriositäten

Im Lichte der bläuliche Grünschimmer

Sag', es ist nur

Ein Leiden an den

Herausforderungen

Am Saumrand der Kippe

Fallend, greifend

Am Honigmund.

Hintern

Vor mir der Hintern

Von hinten schauen

Rund, kraftvoll, elegant

Zum Kopf verlieren.

Hinten

Hintern

Nur ein Spiegelbild

Des Vorne

Gibt es einen Vorntern?

Von vorne

Von vorne den Hintern nehmen

Der Hintern

Projektion

Vorntern

Wunschdenken

Inspiration

Der Hintern geht vorbei

Lachend stolz hochmütig kichernd

Chance verpasst.

Rocksaum

Blau die Naht
Leicht gewölbte
Verunsicherung.

Der Atem stockt
Beim Blick
In sich gerichtetes Strahlen
Im undurchsichtigen Gelände
Spuren tief eingemahlen
Zermalmen
Zerknirschen
Umweglos
Danach fallend.

Grenzüberschreitend
Der zarte Druck
An der Seite
Rocksaumtastend
Gehörlos streifend
Am gewölbten Rund.

Es wird warm.

Im grauen Haus

Im grauen Haus allein

In der Stille höre ich nur meine eigenen Stimmen

In der Leere verglüht der letzte Strahl

Im Winkel kommt Angst auf

Unter dem heißen Dach stirbt der Wunsch nach Nähe

Auf der Treppe gehe ich auf und ab

Im Garten stimmt die Bachstelze in ihren flüchtigen Gesang

Meine Lider senkten sich

Ein Zischen

Dürre Worte auf den Lippen

Splitter dringen in meine Zunge

Sprachlos bleibe ich liegen

Nicht einmal mehr ein Lied in meinem Innern.

Die Pforte

Im Nebel am frühen Morgen
Steinschwer
Getränkt von der Stille der Nacht
Rabengrau verschwören sich die Töne im Gehörgang
Warten – warten auf den Glockenklang.

Noch ist es Morgen
Der Erdduft am Fahnenmast
Schlieren-verkümmert
Ein Fahrzeug zischt vorbei
Der Blitz aus dem Steinwall.

Das Licht schimmert vom blanken Belag
Ein poröser Schwall
Baumkrusten im Hinterhalt
Unkendes Geraschel
Herdentriebe der schwarzen Vögel.

Pforte eingeklemmt im Zaun
Lücken Öffnungen
Halbe Lücken doppelte Lücken
Verkleinerte Lücken
Kaum eine Lücke

Der Torjäger entdeckt die Lücke

Nimmt Fahrt auf

Trifft ins Dreieck

Tormann liegt am Boden

Abklatschen mit dem Nebenmann.

Manch ein Schuss geht nach hinten los

Weite Lücke im Getriebe

Tormann auf der Hut

Ungenau im Abschluss

Wegweisend nur im Trainingscenter

Immer wieder die Lücke suchend.

Die Pforte hat Platz

Öffnet sich für Licht und Luft

Atmet im Gesang des Mittags

Kann warten

Strahlend offen für die Lücke.

Keine Lücke

Kleine Lücke

Pfortenlücke

Sieb

Das weite Feld.

Der Ton verzweifelt

Auf der Suche des Pfortensounds

Manchmal rackert sich der Wind

Muss gegenhalten

Findet die Lücke und atmet durch.

Musik

Laute

Getöse

Peitschorkan

Schweigenerschweigen

Am Horizont

Verkleistert sich der Sonnenstrahl

Mit dem Arm

Schreitet voran

Die Pforte öffnet sich.

Die Nacht

Deine Stimme ist kraftlos

Die Worte bleiben im Halse stecken

Der Nebel lichtet sich nicht

Vom Ast sind die Blätter gefallen

Im schwachen Mondlicht erkennst du nur noch den Kirchturm

Ein letzter Schlag vor der Nacht.

Das Tageslicht beginnt dich zu blenden

Du sehnst den Abend herbei

Kein Laut

Der die Stille durchbricht.

Am Vorabend noch hattest du die Bilder aufgesogen

Der Halm mit dem du dich hoch gehangelt hattest

Am Tresen lautes Geplärre

Teller und Tassen klirren

Worte wechseln

Stimmen durchziehen deinen Körper

Doch die lange Fahrt durch die Nacht nahm die laute Musik mit

Trieb die Erinnerung aus

Angekommen in der Finsternis

Selbst der Mond war im Nebel versunken.

Der Ast

Ich nehme eine Auszeit

Vor meinem zerzausten Windbeutel stehe ich still

Der Ast - zerbrochen, zersplittert, am Boden vertrocknet und zerbröselt

Gebe ich mich nun der Gleichgültigkeit hin?

Ich nehme eine Auszeit vom kalten Frost unter meinen Füßen

Verbeiße mich nicht länger

Immerhin - Ich weiß nun vom Todesstrudel

Weggebrochen die Träume

Die Steine treiben still im kalten Wasser

Zerfurcht in der Rinne

Die Augen blassgrün

Dem Wahnsinn entflohen

In der Auszeit.

Der Ast grünte

Schlug aus

Holte die Kraft aus dem dunklen Wasser

Saugte den Nektar

Und machte sich auf den Weg zu erblühen.

Der Highway schluckte alle Spuren

Orange Blossom Special

Der Cadillac nahm Fahrt auf

Der Mittelstreifen glitt den Hang hinauf.

Zeit am Boden

Die Nacht trostlos in den feuchten Laken

Draußen der Lärm der vergilbten Nachtschwärmer

Nach Hause in den wilden Taumel

Umgedreht eine Seite der körperlosen Puppen

Schnuppernd am ewigen Rand der Verzweiflung

Haltlos im Strudel des untergehenden Mondes

Zugfahrt

Der Tag begann mit einer Verspätung und nahm Fahrt auf

Die Hauptstadt nahte

Die Geschichten nahmen kein Ende

Sie fangen erst an

Aug in Aug

Zug um Zug

Das Licht strahlt

Die Sinne erwachen

Die Gesichter kreisen

Die Wangen glühen

Die Hände suchen

Am Abend erwachen die Träume.

Auf dem Weg nach unten

Lange zögerte ich

Den Gegenbesuch anzutreten

Soll ich gehen

Ich blieb sitzen und machte einen Bogen um mich

Es gibt besseres als Auszeit

Entledige dich

Fass dich kurz

Bleib cool

Am Boden wirst du genug Zeit haben

Geh aus dem Weg

Gib den Nerv ab

Verzeih dir die aufgebauschte Unruhe

Verbiege den Rücken im Längsschnitt

Halte dich aus

Hebe den Balken vom Boden

Wähle den Ausgang vor dem Fall

Würge den bleigetränkten Fleischklops runter.

Alles war soweit

So weit weg vom Spiel

So nah an den Eruptionen

Also stieg ich hinab.

An und für sich da sein

An und für sich sein ist mehr als da sein

Das so da sein ist Dasein

Das an und für sich da sein

Ist Dasein für sich und an und für sich

Für sich sein ist Dasein

An sich sein ist da sein

An sich sein ist da sein im Dasein

Für sich sein ist im da sein mehr als da sein

Denn das für sich sein ist immer ein Dasein

Ohne das an und für sich und für sich sein

Ist das da sein ausgrenzendes Dasein

Ausgrenzendes da sein ist da sein ohne Dasein

Inkludierendes da sein ist mehr als da sein

Inkludierendes da sein erhebt sich zu einem umfassenden Dasein

Inkludiert im für sich und an und für sich

Wer inkludiert erhebt da sein zum Dasein als gesellschaftliches Dasein

Wer Dasein als inkludierend lebt, lebt da seiende Freundschaft

Da seiende Freundschaft ist Dasein

Exkludierendes da sein ist weder an und für sich Dasein noch freundschaftliches Dasein.

So schließt sich das exkludierende da sein vom Dasein aus.

Für sich an sich

Für mich an mich

Für an

Sich mich

Für sich sein als an sich sein

An sich sein als für sich sein

Das da sein als Dasein als an sich für sich

Realitätskatalysator

Ich sitze den beiden gegenüber

Relativitätstheorie

Schwarze Löcher

Wie unendlich kann die Zeit sein

Was ist unendlich

Wo werden wir enden

Wenn wir die Unenden nicht kennen

Wenn wir unendlich nicht begreifen

Ist es die unendliche Zeit

Sind wir gewappnet, wenn wir immer weiter segeln

Ob nicht doch ein Ende droht

An der Kante, von der wir runterfallen können?

Zwischenzeitlich essen wir ein Eis

Da gibt's nur die Geschmacksfragen

Doch irgendwann erwischen wir uns

Wenn wir den Realitätskatalysator

In die Hand nehmen

Ihn aufstecken

Ihn als Maschine der Beschleunigung erkennen

Die Realität katalysiert

Sie katapultiert uns in den Orkus

Und dann schweben wir auf der Linie der Unendlichkeit

Bis wir verglühen

Oder fallen wir am Ende der Scheibe herunter

In den Hades

In dem wir uns die Augen reiben

Haben wir uns zu weit vorgewagt

Wie Oppenheimer oder gar Dumbledore?

Der Realitätskatalysator zeigt uns seine Grenzen auf.

Doch wir geben nicht auf.

Luftnummer

Mit manchen Begriffen konnte er nichts anfangen

Kein Check

Aber was soll's

Ob's war oder nicht

Ist auch schon wurscht.

Packs in den Tank

Nimms heraus aus der Jackentasche

Verdumpe es im Nebel

Diese Botschaft wird jeder verstehen

Abtropfen lassen

In den Käfig tun

Der Zahn der Zeit

Wird's richten

Oder lass den Zug entgleisen

Er spart nicht mit Verwüstungen

Im kleinen Tal

Im hinteren Stübchen

Die Macke fängt schon früher an.

Soll ich dir den Hintern putzen

Bitte Hände waschen nicht vergessen.

Allzu schnell begibt sich der Wagen in die Achterbahn

Hoch oben – ein Sprung

Das Fassbare entgleitet den glitschigen Händen
Parallele Sichten versperren den Zugang zum Ankerplatz.

Da hinten am Steg fällt der Groschen in den Bach

Einfallslos zieht der Schwan seine Runden

Pixelt sich in die Verbauung.

Noch einmal Hände schütteln

Aber nicht zu fest

Könnte ja die Achseln nässen.

Brillenungetüme fallen auf den Pflasterstrand

Da unten eine ausufernde Pfütze

Vermeintlich solo

Dringend erforderlich der Stein des Anstoßes.

Breitbeinig kann man den Rat der Vorwitzigen annehmen

Die haben sich gerade in die Büsche geschlagen

Müpfen nicht länger auf

Puuh, allmählich wird's lästig

Im Gegenzug fordern wir alles heraus

Wir lassen nichts fallen

Die Steine hatten ihre Häute beiseitegelegt

Fast den Absprung verpasst.

Wirrwarr

Watn Aggewars

Ohauehaueha

Ich stifte Wirrwarr

Mache einen Flickflack, der mir fast das Genick bricht

Genieße das Hickhack

Komme holterdiepolter daher

Kümmere mich nicht um den Krimskrams

Genieße das Kuddelmuddel

Bis es zappenduster wird

Ich mucke endlich auf und bin Simsalabim wieder im Geschehen

Mit Fisimatenten winde ich mich aus Zwickmühlen raus

Mit Tamtam rette ich mich durch den Alltag

Mein Motto, wo immer ich bin: Remmidemmi

Und wenn das nicht hilft, treibe ich Schabernack

Im Techtelmechtel bin ich nicht stark

Aber ich bewähre mich mit Larifari

Wenn ich daran scheitere, haue ich auf die Pauke

Damm n damm damm n damm

Marmor Stein und Eisen bricht

Ich entgehe dem Rambazamba

Zaudere nur manchmal ein wenig, wenn dann aber richtig und erzeuge ein Tohuwabohu

Mischmasch ist meine größte Stärke, ich mische und masche und

Lande im Schlamassel

Aber mir ists egal, alles Pillepalle

Warum so ein Brimborium machen

Sind doch eh alles nur Kinkerlitzchen

Mein Nachbar meint: eh nur Papperlapapp

Man kann doch nicht mit Potzblitz die Welt verändern

Ich denke: ich schon, bin Ich doch der Tausendsassa.

Kann doch kein Anhängsel sein und Fracksausen kenne ich nicht

Erst recht bleibe ich nicht im Schmollwinkel

Den Wolkenkuckucksheimen hechle ich hinterher

Manchmal schlage ich Purzelbäume

N Tollpatsch bin ich nicht

Und schon gar nicht n Luftikus

Passt bloß auf, denn wenn der Lulatsch kommt….

So stifte ich weiter Wirrwarr, kann nicht anders

Ohauehaueha, watn Aggewars.

Am Vorabend

Tritte auf dem klappernden Pflaster
In den Schluchten der Nacht
Hofhineinblicken

Ein gesättigter Abend
Im Schlepptau der Geschichten
Scheibendurchblicken

Der Kehrabend kommt
Wer da wohl wohnt
AugenindenAugenblicken

An den tönenden Plätzen
In den hohlwachsenen Gassen
Stuhlsitzblicken

Am Vorabend
Vor dem Tag
Der Erinnerung.

Nachbarschaften

Am helllichten Tage
Ein Flugzeug durchbricht den Himmel
Der Rauch steigt auf von den Bergen
Der Kiwitt starrt still
Gelegentlich kommt eine Melodie auf.

Das Gras richtet sich auf
Blätter glitzern
Hitze in den Niederungen
Ein Zucken und Grollen

Am lichten Abend
Der Fluss umschwimmt die Brücke
In den Nachbarschaften leises Lachen
Gespräche umkreisen die Blüten
Machen sie müde und schließen den Kreis.

Der Falke im Sturzflug
Steine im Wind
Die Nacht kühlt
Sturm kommt auf

Am lichten Abend
Leises Lachen in den Nachbarschaften.

Feuer I

Die Winde fachen das Feuer an

Bis zur Bergspitze

Lodernd

Gemalt wie ein Bild

Der Kubisten

Oben angekommen

Erlosch es

Was blieb

Rauch.

Feuer II

Die Fetzen fliegen

Feuer lodert

Die Sirene schreit

Und packt dich.

Es geht raus in die Nacht.

Das Feuer schlägt die Hitze ins Gesicht

Du bist im Einsatz für Leib und Leben

Zu Hause wartet der kalte Kaffee

Niemand da, der das Feuer entfacht.

Corona - Krone in Flammen

Schöne Tage

Der Himmel so blau

Schöne Tage

Das Wetter beruhigt

Schöne Tage

Die Natur erleichtert

Schöne Tage

Die Sonne ins Gesicht

Schöne Tage

Durch die Augenlider schimmert es rot

Schöne Tage

Ein Hauch von einer Wange

Schöne Tage

Ranunkeln zeigen dir den Weg

Schöne Tage

Die Sonnenstrahlen wärmen dich.

Schöne Tage

Schöne Tage

Das Fieber bohrt sich in deine Lungen.

Am Tag danach

Ich kam zurück
Türen und Fenster
Verschlossen
Eingeigelt
Handy aus.

Hörst du den Atem
Das Rauschen der Adern
Blinzeln die Augen
Zittern die Hände
Geht der Atem leise
Steht das Herz still?

Der Planet in dir
Windet sich waagerecht
Kippt nicht.
Der Grad so schmal

Wiederbelebungsversuche
Die Krankenschwester pustet Luft in den Orkus
Am oberen Ende ist es ganz eng
Die Fingernägel kratzen die Augen aus
So lange kein Ruhekissen mehr im Arm gehalten.

Irgendwann – ah du erinnerst dich

Irgendwann siehst du den Weg nach unten

Damals als du hinabstiegst

Trübte kein Wölkchen deinen Blick

Auf dem Weg nach unten hattest du dir viel vorgenommen

Dein Schwungrad drehte sich.

Nun im halligen Saal

Dröhnen die Sirenen.

Der Streichersatz im Adagio

Ein Glück – die Musik spielt noch.

Da stehst du zum zweiten Mal

Oder wars das dritte Mal?

Wie aus dem Nichts

Dein Blick

Was verspricht er?

Deine Hand gleitet

Deine Stimme wärmt

Sie findet sich.

Ob es noch eine gute Seele gibt

Oder wenigstens einen freundlichen Strahl?

Du erwachst

Erblickst sie

Sie gibt Halt.

Der giftige Pfeil

Heillos

Fallend

Am Rand

Im Dickicht

Eingeweckt.

Du sollst bleiben

Dich erheben

Über die Gedankenverstrickungen

Ungewollt da

Tief tauchend

Losgezogen.

Der giftige Pfeil

Bohrt sich in dich

Ein befreiendes Lächeln.

Fieber

Was für Tage

Ertragen

Betragen sechs

Betragen eins

Der Zeigefinger der Entscheider

Weist uns zurecht

Weist uns den Weg

Wie lange noch.

Ausnahmezustand

Ausnehmend werden wir Zustände

Zuständig in der Ausnahme

Ausnahmsweise wird zum Zustand

Krieg erklärt

Kriegerisch kriegen wir

Erklärend kriegen

Kriegend erklärt.

Wir ertragen

Tragen die Last

Lasten tragend.

Unser Rücken

Beschwert sich

Wir beschweren uns
Rücken uns nah
Nahend am Rücken.

Beschwerend
Gehen wir durch die Tage
An Tagen wie diesen
Beschweren wir uns
Beschwerend ertragen wir
Ertragend beschweren wir uns.

Solange, bis der Morgen lacht
Die Sonne ins Gesicht scheint
So bleibt der Schein.
Scheinbar erscheinend
Erschienen scheinend.

Eines Tages
Lachen wir
Denn wir haben gezaubert
Verzaubert weggezaubert entzaubert verzaubernd
Entzaubernd wegzaubernd
Erschwerend, beschwerend, ertragend, verzaubernd und lachend
Dem Morgen entgegen gefiebert
Fiebernd Corona verzaubert.
Verzaubernd gefiebert.

Home Office

Da sitz ich in Unterhose
Mein Schreibtisch
Auf dem Balkon

Ich bin im Homeoffice
Was kümmert mich mein Chef
Was kümmerts den, was ich anhab

Ich sitz im Homeoffice
Liegend geht auch
Was kümmerts meine Chefin was ich grad tu

Ich steh im Homeoffice
Im Garten
Pflücke die Blüte aus Nachbars Garten

Ich laufe im Homeoffice
Den Träumen hinterher
Was geht's meine Kollegen an

Ich bleibe im Homeoffice
Solange es geht
Dann mache ich mich vom Acker.

Vergattert

Vergattert in die Distanz
Käfige unvertaut
Das Wasser schwappt gegen den Kai
Endlose Bewegung der Gezeiten.

Das Pochen in den Adern
Boxt die Seele k.o.
Als der Zug aus dem Gleis kreischt
Verstummt jeder Gedanke.

Gedankenlos findet er den Weg
Treibt durch die Straßen
Fällt aufs Trottoir
Ein kalter Schauer
Das Blaulicht fährt davon
Und inmitten des Tunnels
Verglüht der letzte Schimmer.

Nimm mir den Schmerz
Heile mich
Entschwebe mit mir
Nimm den Druck
Halte mich.
Gib mir Halt!
Und meiner Sehnsucht einen Platz.
Hebe den Vorhang.

Das Leben kann ganz schön hart sein

Im Gedankennebel
hatte sich der Horizont verschoben

Auf den Feldern
flirrte die Musik

Im Abendschimmer
senkte sich der Sonnenstrahl

Im Zimmer
ruhte das Gewissen

Ich las ein Buch
Texte der Vergangenheit

Ich nahm einen Stift
Die Gedanken wollten frei sein

Die Welt segelte draußen
In mir nur ein Lüftchen

Cosa farò domani?
summte ich vor mich hin.

Jemand klopfte an der Haustür
Die Pizza ist da!
Glück gehabt.

Die Wunschzettel von San Martino

In der Taverna
Dichtete der Lyrikbaron

In Sant' Angelo
Kreischten verfettete Möwen

Im steilen Giardino
Ließen sich Blüten fallen

Im Hafen von Capri
Versanken die Boote

Elba entfernte sich
Ischia setzte die Krone auf

An der Funiculare
Warteten wir auf die Abfahrt

In den Gassen
Verfielen wir dem Genuss

Vom San Martino
Flatterten die Wunschzettel.

Mein Freund der Politiker

Mein Freund, von Königs Rhetorikgnaden
Es schallt aus ihm heraus
Vor dem Spiegel geübt
Doch teilnahmslos die Miene.

Erst als die Scheinwerfer auf ihn fallen
Gibt e sich großzügig, die Lippen spitzen sich zum Gegenangriff
Lieber den Panzer führen
Als Kopf Frischluft
Adern verkalkt.

Die Sendung isch over
Hier und da ein Schulterklopfen
Die Limousine wartet
Es kann losgehen
In die Leere.

Frantz

Frantz schaute auf die Bucht

Tipasa – er nahm das Glas.

Er nippte am Saft

Verdammt schon wieder die Erde

Unter den Füßen brach der Halt weg

Ein weiterer Schluck

Er legte die Waffe beiseite

Und verbat sich jede Rose

Er lockerte die Krawatte

Der erste Mensch

Wollte sich losreißen

Gedankenversunken

Das Bild seiner Mutter

Er erschrak, bleich, verdampft.

Die schwarz-weiße Revolte

Er fieberte in den Nächten

Kalt lief der Gedankenstrom den Rücken hinunter

Seit an Seit

Aufstampfen mit dem Fuß

Albert sah ihn kommen

Jean-Paul hatte sein Gepäck schon beim ZK abgeladen

An der Kaltfront kein Entrinnen.

Der Knecht hatte sich ins Elend gestürzt

Kein Ort für Erleichterung

Schmerz die ganze Nacht

Der Morgen wollte nicht kommen

Kein Menschsein

Wenn er einer keiner ist

Der Stiefel hatte kein Erbarmen

Die rote Linie war überschritten

Frantz holte Luft

Nahm sich ein Aus

Das Ende hatte sich hinter der Maske abgezeichnet

Nie wieder Morgenröte

Er nahm seine Zigarette

Atmete aus

Alles hatte sich in Luft aufgelöst.

Knechtsein wird Herrsein

Herrlich herrschende Heerscharen
Der Orkus voller Fakenews
Die da oben
Wir unten
Immer wir.

Bürgerkriegsphantasmen
Nehmen wir uns zurück
Was sie uns genommen
Der Sklave muckt auf
Er will nicht länger der Enterbte sein
Sein Hemd schweißnass
Gräbt schaufelschwer am Untergang.

Er begehrt
Auf der Straße
Keine Erinnerung
Schullos
Schulternah
Stiefel mit der Pieke.

Herr der Heerscharen
Himmelheer
Von der rue de Rennes
Lässt es sich gut grüßen.

Panzernah am Puls der Straße

Wir fliehen wir gehen wir hauen ab, bloß weg

Wohin

Kein Entrinnen

Am nächsten Bahnsteig kein Klavier

Beethoven muss warten

Opus 13 zweiter Satz im Ohr.

Seichte Melodien

Süßer Wein

Dumm dumm

Ätherische Musik

Fußbreit

Höhenthermometer

Pulsadern breitbeinig

Stiefel setzen auf.

Die offenen Adern oder die verpuffte Revolution

Hatten wir nicht alle Adern offengelassen
Die Zähne der Zeit gezogen.

Mit Trommelwirbel zogen wir durch die Straßen
Auf dem Balkon trat der Präsident den Massen entschieden
entgegen
Er nahm die Gesänge nicht ernst
So musste er seinen Hut nehmen
In denen er die Millionen deponiert hatte.

In goldenen Betten wollten wir nicht liegen
Aber wenigsten schlugen wir einen Zacken aus der Krone
Mehr erwarten wir nicht
Hatten wir doch knechtische Erfahrungen gesammelt.

Nun gingen wir frohgemut auf die Straßen
Baten den König, seinen Abschied zu nehmen
Er flehte uns an
Wir waren gebannt
Wollten von der Zirkuskuppel
Nur einmal einen Blick wagen.

Square Books

Jeden Tag schritt ich zur Tür hinein

Immer einen Espresso zur Hand

Streifte durch die Bücherreihen

Nahm dies und jenes mit

Verschlang die Zeilen

Blickte auf

Schaute auf den Courthouse Square.

Was lugte da aus der weißen Maske.

Sie war auch schon da

Mit Büchern auf ihrem Arm

Ich kannte ihre Stimme.

Sie kam mir bekannt vor.

Hatte ich sie schon mal gehört?

Eudoras Schatten vielleicht.

Die sumpfigen Laute im Delta

In Gracedale, die zerbrochenen Häuser

Yazoo City, bunt verpinselt und verlassen

Leere Straßen - kein Laut – eine Katze schleicht durch die teerhitzige Stille

Die Schulhöfe

Bleiern getrennt.

Mississippi du Magnolie

Mississippi

Du hast die Vergangenheit

Das Vergangene ist nicht tot - Es ist nicht einmal vergangen.

Du hörst die Rufe des Gospelchores in deinen Ohren

Wird der Herr es richten - wird er es richten?

Sie schleifen dich zugrunde

Das Erbe ist verworfen

Die Grasharfe spielt keine Lieder mehr

Wo war meine Rose für Emily?

Dürrer September

Eure Musik ist durchlöchert

Eure Gesänge sind zermalen.

Der Blues entfacht den Gegenwind

Der Nervenkitzel ist verflogen

Das Leben ein wandelndes Schattenbild

Doch immer wieder

Schall und Wahn

Eudora sitzt auf der Veranda und blickt auf den Square.

In der Hitze der Nacht

Du warst in Yahoo City, Clarksdale, Greenville, Indianola

Du hast von Ferguson, Minneapolis, Monroeville und Duluth gehört

Du kennst das Delta, in dem die Leichen trieben

Du spürst die Schwingungen auf der Brücke von Selma

Du hörst die Schreie von den Plantagen

Du versenkst den Ventilator am Fuß von Emmett Till

Du stößt Rosa Park vom Sitzplatz

Du schaust den Lynchmorden zu

Du kratzt am Stacheldrahtzaun der Hochsicherheitstrakte

Du hast die weiße Maske übergestülpt

Die pralle Sonne auf dem Pflaster nimmt dir die Luft.

In der Hitze der Nacht

Hörst du die Schreie

In der Hitze der Nacht

Lässt du dich treiben

In der Hitze der Nacht

Machst du die Ohren zu

In der Hitze der Nacht

Siehst du die Lichter des Zuges.

Wie heiß auch die Hitze der Nacht

Du ziehst die Mütze über den Kopf

Die Schreie holen dich ein

Du spürst den Baumwollblues in deinem Nacken

Die Nachtigall sendet ihre Rufe aus

Die Hitze der Nacht

Lässt dich nicht ruhig schlafen.

Die Mitte

In der Mitte lässt es sich mittendrin sein

In der Mitte des Lebens stellen sich die Weichen

In der Mitte bricht der Durchschnitt sich Bahn

Mittig, mittendrin

Mittlerin des Lebens.

Die Mitte ermöglicht die Ausschweifungen an den Rändern

Die Mitte wird destabilisiert, wenn die Ränder Oberwasser gewinnen

Die Mitte lässt das Projekt mittendrin sterben, wenn sie sich selbst an den Rand begibt

Das Ende der Mitte naht, sobald die Mitte ihre Mittlerrolle verneint.

Die Mitte verglüht.

Schreibblockade

Im Zug wischten sich die Fenster

Durchblick futsch

Alles tastete sich im Durchzugmodus

Kein Streifen am Himmel

Die glühende Nacht raubte der letzten Schleife das Haar

Bald war der Mond verhangen

Leblos grundierte er am bodentiefen Fenster

Noch immer langte es nicht

Verheerend blies der Wind den Kautschuk vom Gummibaum

Der Saft sumpfte sich ein

Stiefel traten aus dem Morast

Unentschlossene wurden bestraft

Hilflos auf ihren Hockern.

Eine leblose Masse vergiftete den Himmel

Hatte er doch ausgedient

Motor der hängenden Gärten.

Niki schlich sich seines Weges

Nahm den Sieg mit

Hatte kein Erbarmen

Der Turban verbrannte

Ottomanen zogen von dannen.

Vergleichende Wissenschaften

Nagen an der Zeitenschlucht

Nie gab es mehr Ballast

Komm, halt den Stab!

Leuchte den Pfad

Blende den Rand aus

Erbleiche in der Finsternis.

Ein Wort noch

Dann mache das Licht aus

Es reicht.

Ein Tag

Der Bitterbrei steht auf der Feuerstelle

Koste ihn und dir wird nichts widerfahren

In Tipasa kannst du vielleicht einen Tag sein

In den Wolken über dem Meer

Sie regnen herunter und nehmen allen Ballast mit.

Krieche aus dem Mauerwerk

Mach den Buckel

Und doch – verglühen wird nur der gläubige Ritter

Der Pirat rast davon

Eine Spur der Steine ebnet seinen Weg.

Kein Entrinnen

Entziehe dem Sog den Strahl.

Die alten Professoren

Gutsitzende Anzüge

Da sitzen wir nun die guten Geister

Das Thema lässt sich kaum noch mehr verkleistern

Schon wieder eine Show

Die meisten haben keinen Flow

Nochmal das gleiche Spiel

Die Essenz hangelt unterm Kiel

So sind wir wieder glücklich aller Orten

Vechta, Eichstätt, Merseburg und Himmelspforten.

Auf dem Panel

Auf dem Panel fühlen wir uns wohl

Im Publikum sitzen alle Granden

Manch einer prallt gegen alle Banden

Viel geht unter im Gejohl.

Mal wieder imposante Resultate

Die Presse greift begierig auf

Alles basierend auf ner ehernen Konstante

So geht alles seinen wissenschaftlichen Lauf.

Mein Gott fühlen wir uns wohl

Wenn die Medien an die Rampe drängen

Helau, es ist doch alles Kohl

Wenn die Exzellenzen an den Argumenten anderer quängeln

Gehört zum Spiel der bräsigen Giganten
Viel Porzellan zerstört durch hölzerne Elefanten.

In der Volkshochschule

Ein Blick in die frohe Runde
Bonn zu abendlicher Stunde
In der VHS die pralle Hörerschaft
Stecknadelstille umweht den Abend
Bis der Dozent es endlich schafft
Hinstammelnd und ertragend
Die Argumentation zu Ende rafft
Das Publikum lässt sich überzeugen
Der Erzähler will sich noch nicht beugen.
Zahl um Zahl. Die Fakten aus der Tasch gezogen
Von Nairobi bis Dakar der Bogen
Alles der Erkenntnis wegen
Um nichts ist ihm verlegen.

Dann die Straße runter in die Kneipe
Dort zeigt er seine beste Seite
Die Show macht ihn ganz gelassen
Darf doch den Anlass nie verpassen.
So zieht er durch das Land
Bleibt von sich selbst mehr als gebannt.

Dabei sein ist alles

Ah, Kollege auch mal wieder unterwegs

Am Gate geht man sich schon wieder auf den Keks

Schnell noch Le Monde ausgepackt – ist auch recht öd

Kollege versteht kein Französisch, ist zu blöd

Wir sitzen in der Eingangshalle

Lass die andren doch diskutieren

Schöne Welt nicht weit von Malle

Besser sich mit whatsapp inszenieren

Zum Schluss n flottes Bild im Kollegenkreis

Ist leichter als n Wissenschaftspreis

Der Präsident schreitet gemächlich an das Mikrofon

Nicht immer findet er den richtgen Ton

Dennoch sind wir rundum glücklich

Dabei zu sein ist mehr als schicklich.

Die Jungen scharren schon

Nun denn, die Jungen scharren schon

Wollen auch noch auf den Thron

Kommen mit Modell und Empirie

Am besten ohne Theorie

Treten auf das Podium

Geben an und maulen rum.

So bleibt manch einer auf der Strecke

Kommt nicht mit im Großgehecke

Muss Vorlieb nehmen mit der schaurigen Provinz

Und jault von dort und bleibt recht blind.

Ein Hauch von altvorderer Wehmut

Da sitzen sie die alten Männer
Mit den Bärten aus der grauen Zeit
Manch einer wohl ein profunder Kenner
Lasst uns rasten, denn der Weg ist nicht mehr weit.

Sie haben sich ans Bein gepinkelt
Zittern noch vor den verlor'nen Schlachten
Jede Wendung zu viel gilt als verwinkelt
Lasst uns träumen und ein Häusle pachten.

Ein Hauch von Frühling war angesaust
Der eis'ge Winter hat sich davon gemacht
Das Gesicht verwittert, das spärliche Haar zerzaust
Lasst uns still verweilen, bevor sie kommt, die Nacht.

Der Autor

***Robert Kappel**, geboren in Kleinwaabs, Schwansen, Abitur in Flensburg, Studium der Volkswirtschaftslehre in Freiburg/Brsg. Promovierte und habilitierte sich an der Universität Bremen, ehemals Professor an den Universitäten Leipzig und Hamburg sowie Präsident des GIGA (German Institute for Global and Area Studies) in Hamburg.*

Blogs:

https://graensengrenzen.wordpress.com/

https://weltneuvermessung.wordpress.com/

Neue Veröffentlichungen

***Schatten im Licht. Gedichte**, Hamburg 2024. ISBN 9783759751997*

***Im Dorf. Schwansener Geschichten**, Hamburg 2024. ISBN 9783759749055*